O Bom Amigo

Magdalena del Valle Gomide

O Bom Amigo

Copyright © 2012 *by*
FEDERAÇÃO ESPÍRITA BRASILEIRA – FEB

1ª edição – Impressão pequenas tiragens – 6/2024

ISBN 978-85-7328-787-5

Todos os direitos reservados. Nenhuma parte desta publicação pode ser reproduzida, armazenada ou transmitida, total ou parcialmente, por quaisquer métodos ou processos, sem autorização do detentor do *copyright*.

FEDERAÇÃO ESPÍRITA BRASILEIRA – FEB
SGAN 603 – Conjunto F – Avenida L2 Norte
70830-106 – Brasília (DF) – Brasil
www.febeditora.com.br
editorial@febnet.org.br
+55 61 2101 6161

Pedidos de livros à FEB
Comercial
Tel.: (61) 2101 6161 – comercial@febnet.org.br

Adquirindo esta obra, você está colaborando com as ações de assistência e promoção social da FEB e com o Movimento Espírita na divulgação do Evangelho de Jesus à luz do Espiritismo.

Dados Internacionais de Catalogação na Publicação (CIP)
(Federação Espírita Brasileira – Biblioteca de Obras Raras)

G633b   Gomide, Magdalena del Valle, 1935–

           O bom amigo / Magdalena del Valle Gomide; [Ilustrações: Ana Carolina Rôlo Villela]. – 1. ed. – Impressão pequenas tiragens – Brasília: FEB, 2024.

           24 p.; il. color.; 21 cm

           ISBN 978-85-7328- 787-5

           1. Espiritismo. 2. Literatura infantojuvenil. I. Oficina de Arte. II. Federação Espírita Brasileira. III. Título.

                                                   CDD 869.3
                                                   CDU 869.3
                                                   CDE 81.00.00

Em uma casinha modesta, na beira de uma estrada, bem longe da cidade, moram Belinha e sua mãe Ana. Vivem sozinhas porque o marido de Ana enfrentou uma doença grave, vindo a desencarnar.

No local, com poucos recursos, tudo é mais difícil. Há apenas uma vendinha. Postos de saúde e escolas ficam longe e os ônibus passam raramente.

Para sobreviver, as duas colhem verduras e legumes na horta feita por ambas, atrás da casa, e se alimentam da sopa que a dedicada mãezinha faz no velho fogão a lenha. Por vezes, recebem alguma ajuda dos vizinhos.

À noite, as duas conversam muito e Ana, além de se lembrar do pai da menina e contar histórias, fala para a filha sobre Jesus, a quem chama de Bom Amigo, que não esquece ninguém e certamente virá ajudá-las, aliviando suas dificuldades.

— E quem, mamãe, é esse Jesus? — pergunta a menina, querendo que Ele venha logo porque a sua mãe tosse muito e tem febre todas as tardes. A garotinha tem medo de que aconteça com a mãe o mesmo que ocorreu ao pai porque as dificuldades aumentavam com o correr do tempo.

— Ele vai curar você?

— Claro, filha. Jesus é nosso irmão e amigo. Ele nos ama e é filho de Deus, nosso Pai e Criador de todo o Universo. Vá até a janela e olhe como é linda a noite estrelada. Assim, poderá senti-Lo.

A menina olha o céu pontilhado de estrelas e escolhe a mais brilhante, que parece piscar para ela uma mensagem de esperança.

— Essa vai ser a minha estrela — decide Belinha.

Todas as noites, olhando para a grandeza do céu estrelado, Belinha se lembra da bondade de Deus e faz uma prece a Jesus. No íntimo, ela sabe que o Bom Amigo saberá achar sua casa.

— Vem, Jesus, vem logo curar a mamãe. Vem, Bom Amigo, vem.

E se pergunta: — Como posso conseguir um médico para atender minha mãezinha?

Essa é a prece que seu coraçãozinho envia a Jesus, único e incomparável amigo a quem pode recorrer.

Os dias vão passando e Belinha não se cansa de esperar a visita que não chega. Todas as noites lá está ela, com os olhinhos esperançosos, contemplando a beleza do céu estrelado e, com seu coração, pedindo a Jesus que ajude sua mãezinha.

Numa tarde ensolarada, alguém bate à porta do casebre.

Belinha se apressa a atender. Quando abre a porta, a menina se admira.

Uma bela jovem senhora, elegantemente vestida, estava parada à sua frente. Era como se uma forte luz e uma onda perfumada entrassem pela casa.

O coração de Belinha bateu mais rápido no peito. Seria alguém mandado por Jesus?

— Boa tarde, menina. O pneu do meu carro furou bem em frente à sua casa e bati para pedir ajuda. Gostaria de falar com sua mãe. Há aqui alguém que possa fazer este serviço? Seu pai, talvez...

— Meu pai morreu e mamãe está na cama com muita febre. Mas eu mesma posso ajudar. É só pedir ao "seu" Artur que mora mais adiante e ele faz a troca do pneu. Por favor, entre e sente-se enquanto vou chamar o nosso vizinho.

A visitante sentou-se, e, olhando ao redor, ficou penalizada com a pobreza do casebre e imaginou as dificuldades que mãe e filha enfrentavam.

Logo a menina voltou sorridente e visivelmente satisfeita por poder ajudar a bela senhora.

A essa altura, a mãe já se levantara e conversava com a inesperada visitante. O serviço foi feito e pago, voltando o vizinho prestativo a seus afazeres.

Antes de entrar no carro, a jovem voltou-se para Belinha:

— Vou dar uma ajuda a vocês que me atenderam com tão boa vontade... E, ao falar, ia abrindo a bolsa.

— Oh, não, senhora! Se quiser nos ajudar mesmo, peça a Jesus que venha logo curar minha mãe.

Surpresa, a jovem, tocada no fundo do coração pelas palavras da menina, garantiu:

— Fique tranquila, querida. Amanhã voltarei e sua mãe vai ficar curada.

Efetivamente, no dia imediato, a senhora voltou trazendo um médico que se encarregou do tratamento de Ana até a cura completa.

E todas as noites pode-se ver Belinha na janela, encantada com a beleza das estrelas criadas por Deus, e agradecida, em prece, falando a Jesus:

— Obrigada, Bom Amigo... Obrigada, Jesus...

Todos os nossos pedidos justos e sinceros são ouvidos e atendidos por Jesus, que usa as pessoas para ajudar as pessoas.

Conselho Editorial:
Carlos Roberto Campetti
Cirne Ferreira de Araújo
Evandro Noleto Bezerra
Geraldo Campetti Sobrinho – Coord. Editorial
Jorge Godinho Barreto Nery – Presidente
Maria de Lourdes Pereira de Oliveira
Miriam Lúcia Herrera Masotti Dusi

Produção Editorial:
Elizabete de Jesus Moreira

Revisão:
Davi Miranda

Capa:
Ana Carolina Rôlo Villela
Ingrid Saori Furuta

Ilustração:
Ana Carolina Rôlo Villela

Projeto Gráfico e Diagramação:
Ingrid Saori Furuta

Normalização Técnica:
Biblioteca de Obras Raras e Documentos Patrimoniais do Livro

Esta edição foi impressa no sistema de Impressão pequenas tiragens, em formato fechado de 210x210 mm. Os papéis utilizados foram o Couche fosco 90 g/m² para o miolo e o Cartão 250 g/m² para a capa. O texto principal foi composto em fonte Playtime With Hot Toddies 18/30. Impresso no Brasil. *Presita en Brazilo*